ÉTUDE

SUR LE

PROJET DE LOI AUTRICHIEN

CONCERNANT

LE DROIT D'AUTEUR

PAR

GEORGES MAILLARD

Avocat à la Cour d'appel de Paris.

(EXTRAIT du *Bulletin de la Société de Législation comparée.*)

PARIS

LIBRAIRIE COTILLON

F. PICHON, SUCCESSEUR, ÉDITEUR

Libraire du Conseil d'État et de la Société de Législation comparée

24, Rue Soufflot, 24

1893

ÉTUDE

SUR LE

PROJET DE LOI AUTRICHIEN

CONCERNANT

LE DROIT D'AUTEUR

PAR

GEORGES MAILLARD

Avocat à la Cour d'appel de Paris.

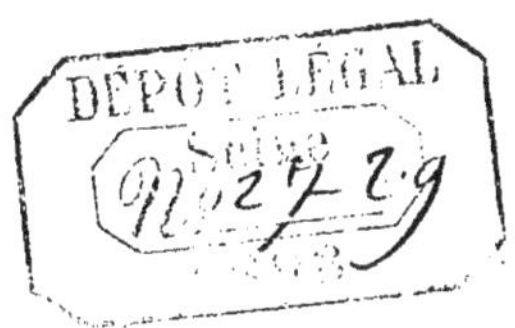

(EXTRAIT du *Bulletin de la Société de Législation comparée.*)

PARIS

LIBRAIRIE COTILLON

F. PICHON, SUCCESSEUR, ÉDITEUR

Libraire du Conseil d'État et de la Société de Législation comparée

24, Rue Soufflot, 24

1893

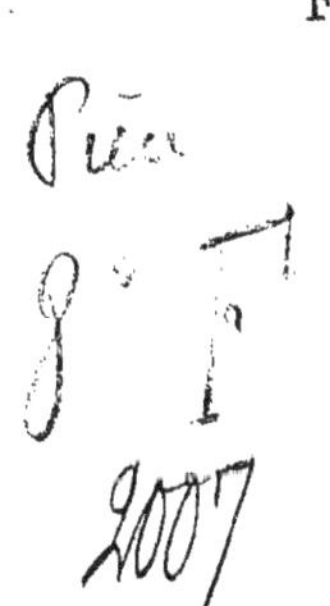

ÉTUDE

SUR LE

PROJET DE LOI AUTRICHIEN

CONCERNANT

LE DROIT D'AUTEUR

Dans tous les pays se manifeste un mouvement général de codification ; on éprouve le besoin de recueillir, en une loi homogène, les textes épars se rapportant à un même ordre d'idées et de fixer définitivement les solutions livrées jusque-là aux hasards de la jurisprudence.

Les matières dites spéciales, c'est-à-dire celles qui ne font pas corps nécessairement avec le Code civil, le Code pénal ou le Code de commerce, sont des sujets de codification fort à la mode, car l'attention des juristes a été attirée de préférence sur elles, dans la période où nous vivons, et des idées nouvelles ont jailli, donnant à ces annexes du domaine juridique un aspect imprévu.

Le droit de l'écrivain ou de l'artiste sur son œuvre a été étudié par les législateurs, un peu partout, depuis vingt ans, avec un soin particulier. Cette faveur dont il a joui tient surtout à une double cause : il avait été auparavant peu étudié, et comme on n'avait pas de lui une conception bien nette, on ne l'avait reconnu et réglementé que petit à petit, par fragments, au courant de l'actualité ; des écrivains sont venus qui de la pratique ont dégagé la doctrine ; des associations, comme l'Association littéraire et artistique internationale, fondée à Paris en 1878, sous les auspices de Victor

Hugo, se sont formées, ont fait de la propagande en faveur de la reconnaissance des droits de l'écrivain et de l'artiste, ont prêché l'unification des législations sur la propriété littéraire et artistique; les gouvernements ont été entraînés par ce mouvement, et on a légiféré et on a codifié; en même temps le nombre des écrivains et des artistes travaillant pour vivre s'était augmenté considérablement et multipliait le nombre des personnes intéressées à l'élaboration d'une bonne loi protectrice des droits d'auteur, tandis que l'expérience montrait l'utilité de cette législation pour le développement de la production littéraire et artistique.

L'Allemagne avait fait sa codification sur le droit d'auteur dès 1870; depuis 1879, l'Espagne a une loi très complète sur la propriété intellectuelle; en 1882, les lois d'Italie, relatives aux droits des auteurs d'œuvres de l'esprit, ont été coordonnées, par décret, en un seul texte; la Suisse a une loi du 23 avril 1883; la Hongrie, une du 26 avril 1884; la loi belge, du 22 mars 1886, est une des meilleures qu'on puisse prendre comme modèle; même la République de l'Équateur (3 avril 1887), la République Sud-Africaine (23 mai 1887), la Tunisie (15 juin 1889) ont une loi sur la propriété littéraire et artistique. L'Angleterre, si rebelle aux codifications, aura peut-être, un de ces jours, sa loi d'ensemble sur le copyright : un projet a été déposé par lord Monkswell le 25 octobre 1890 (1). Voici que le gouvernement autrichien présente à la Chambre des seigneurs un projet en 60 articles pour remplacer la patente impériale du 19 octobre 1846. Bientôt il ne restera plus en arrière de ce mouvement que notre cher pays de France avec sa loi du 19 juillet 1793, composée de quelques articles cousus ensemble au petit bonheur, et des dispositions complémentaires éparses.

Le projet du gouvernement autrichien mérite de retenir assez longuement quiconque s'intéresse à l'extension de la propriété intellectuelle ou, d'une façon plus générale, aux efforts législatifs internationaux.

Le commentaire qui accompagne le projet, surtout le préambule qui sert d'exposé des motifs, a une remarquable valeur. Il est, il faut bien le dire, supérieur au projet lui-même.

Le rédacteur établit facilement l'urgence de son projet : il rappelle les tentatives qui furent faites au temps de la Confédération

(1) Voir l'étude de ce projet par l'Association littéraire et artistique au Congrès de Neuchâtel en 1891 (Bulletin de l'Association, n° 19, 2e série).

germanique, le projet de Francfort en 1864, la loi hongroise, le vote de la Chambre des députés qui, le 22 juin 1886, saisie d'un projet dû à l'initiative privée, invitait le gouvernement à étudier la question et à présenter un nouveau projet.

Il fait observer qu'au point de vue de la propriété intellectuelle toutes les lois étrangères ont un penchant marqué vers l'unification, et il constate que le droit de l'auteur, plus que tout autre droit, se prête à cette unification internationale; car, d'une part, il est à peine lié à l'histoire juridique de chaque nation et a été peu influencé par les traditions, d'autre part, il est, par sa nature même, un droit essentiellement international, puisque les œuvres littéraires et artistiques tendent à se répandre au delà du pays dans lequel elles sont nées et que l'auteur, qui ne serait protégé que dans son pays d'origine, n'aurait parfois qu'une part bien minime des bénéfices auxquels il a droit.

Ajoutons que le défaut de protection des auteurs nationaux à l'étranger et des auteurs étrangers dans le pays même aboutit à ce singulier résultat : les auteurs nationaux ne vivent que sur la bourse de leurs compatriotes et les éditeurs étrangers s'enrichissent à leurs dépens ; en outre, les auteurs nationaux sont victimes, dans leur pays même, de la concurrence des œuvres étrangères qui, pouvant être vendues à meilleur marché, puisqu'elles ne sont pas soumises à un droit de reproduction, ont la préférence des éditeurs et écrasent la littérature indigène.

Il faut arriver, conclut l'exposé des motifs, à la réalisation d'unions internationales pour la protection des œuvres de littérature et d'art L'union de Berne, qui lie l'Allemagne, la Belgique, l'Espagne, la France, la Grande-Bretagne, l'Italie, le Luxembourg, la principauté de Monaco, la République d'Haïti et la Suisse, est donnée comme modèle; elle semble le but vers lequel le gouvernement autrichien s'achemine en présentant son projet de loi, car il est dit, dans le préambule du projet, que les unions internationales ne sont possibles et profitables qu'autant qu'elles ont été précédées d'une unification assez complète des législations particulières.

A ces aspirations nous ne pouvons qu'applaudir.

L'exposé des motifs examine ensuite qu'elle est la nature du droit d'auteur d'après les données de la science moderne et qu'elle doit être l'étendue de la loi.

La réponse à ces deux questions mérite d'être fidèlement traduite :

« La plupart des législations se sont bornées à reconnaître un à
« un les droits de l'auteur (droit de reproduction, droit de repré-
« sentation, droit de traduction). Il est vrai que la réunion de ces
« divers droits formait d'elle-même un seul tout, à certains points
« de vue, particulièrement en tant qu'il s'agissait de la transmis-
« sion des droits de l'auteur. Mais on ne trouve pas dans ces lois
« une déduction logique de cette idée que les droits ci-dessus con-
« cédés à l'auteur ne sont que l'émanation d'une entité supé-
« rieure, d'un droit sur un bien immatériel.

« Au contraire, des études récentes ont conduit à cette conclu-
« sion maintenant déjà presque universellement admise : le droit
« d'auteur ne consiste pas tout entier dans l'interdiction de repro-
« duire, qui contient en elle la réserve de traduire, et dans l'inter-
« diction de représentations publiques des œuvres théâtrales ; ces
« droits spéciaux sont bien plutôt des émanations d'un seul et
« même droit unique, prédominant, qui doit appartenir à l'auteur
« d'une production de l'esprit, pour lui assurer, d'une part, les
« avantages matériels qu'il peut atteindre en faisant argent de son
« travail intellectuel et pour lui réserver, d'autre part, la possibi-
« lité d'empêcher la divulgation de son œuvre, qu'il veut voir dif-
« férée pour un motif ou pour un autre.

« Ces données de la science moderne se rapprochent très sensible-
« ment de la doctrine de la propriété dite intellectuelle qui domi-
« nait précisément à l'époque de la publication de la patente impé-
« riale de 1846 et qui, en fait, trouve son expression dans cer-
« taines dispositions de la loi, ne serait-ce que sous une forme
« plutôt théorique (1).

« Mais il faut bien se garder des conséquences fausses qui ont
« été tirées de la théorie de la propriété dite intellectuelle, au
« point de vue de la nature des droits d'auteur, en appliquant à
« ces droits toutes les dispositions sur la propriété qui se trouvent
« dans le Code civil. »

Et l'exposé des motifs explique comment le projet, sans préciser
davantage la nature des droits de l'auteur, ce qui est le rôle du
théoricien, tire de cette idée de l'unité des droits de l'auteur des
conséquences pratiques en faisant rentrer parmi les droits de l'au-

---

(1) La patente impériale est intitulée : *Gesetz zum Schutze des litera-
rischen und artistischen Eigenthums gegen unbefugte Verœffentlichung,
Nachdruck und Nachbildung.*

teur le droit de ne publier son œuvre qu'au moment voulu et en assimilant, au moins en principe, les unes aux autres, toutes les atteintes portées aux droits de l'auteur.

Quelle jolie esquisse du rôle du législateur et quel bon plan pour la loi idéale!

Il est certain, en effet, que le droit de l'auteur sur son œuvre, sur la manifestation de sa pensée est d'une nature bien particulière; il a pour base, non pas les caractères écrits ou imprimés sur la feuille de papier et qui sont le produit d'un travail purement matériel, mais quelque chose d'immatériel qui est l'œuvre en elle-même, indépendamment du mode de reproduction, quelque chose qui est le produit pur de l'intelligence.

Peu importe le nom qu'on lui donnera, peu importe la catégorie dans laquelle on le classera! Qu'on crée pour lui une nouvelle division des droits ou qu'on le fasse rentrer bon gré mal gré, en le meurtrissant quelque peu, dans une des divisions anciennes, pourvu qu'il soit entendu que c'est un droit ayant des conditions d'exercice *sui generis*, toute discussion ne serait qu'une querelle de phraséologie.

Les mots « propriété littéraire », « propriété intellectuelle », avaient surtout leur utilité quand on les a employés; il s'agissait d'habituer le public et les jurisconsultes à respecter le droit de l'auteur, on les heurtait moins en leur présentant la vérité sous cette forme un peu grossière et pas très exacte mais simple. C'est bien une propriété dans le sens large que Lakanal attribue à ce mot, quelque chose de sacré, qui est au-dessus de toute contestation, un droit naturel qui devrait être reconnu pour tous dans tous les pays; mais là où les esprits sont suffisamment habitués à la chose, il est préférable de supprimer le mot de propriété et de dire tout simplement : droit de l'auteur sur son œuvre, auteur comprenant ici l'artiste.

De cette conception du droit de l'auteur, de son caractère de propriété sur le travail de l'intelligence, de cette idée de l'unité des diverses attributions reconnues à l'auteur, la conséquence logique devrait être que les auteurs étrangers auraient identiquement le droit des auteurs nationaux, que la traduction serait assimilée toujours à la contrefaçon, que tous les produits de l'intelligence seraient protégés indistinctement, quel que fût leur mérite, quelle que fût leur destination, que la durée de protection serait uniforme pour toutes les œuvres, que le droit de l'auteur sur son œuvre serait absolu, qu'il ne devrait pas être présumé s'en jamais dessaisir complètement tant qu'il n'aurait pas renoncé à sa qualité même d'auteur et qu'il conserverait, sur l'œuvre pour laquelle il aurait cédé le droit de reproduction, un droit moral (1), un droit de surveillance, une sorte de droit de paternité.

Malheureusement nous ne trouverons pas dans le texte du gouvernement autrichien les déductions logiques des idées exprimées dans l'exposé des motifs, les conséquences pratiques dont il parle sont bien vaines et la critique qu'il formulait contre la loi de 1846 peut servir encore pour le projet nouveau.

C'est que justement le rédacteur du projet n'a pas osé franchement s'écarter de la vieille loi d'empire, il l'avoue lui-même.

« En présence des avantages multiples de la patente impériale de
« 1846, il a paru très possible et par conséquent tout à fait souhai-
« table de se limiter au développement de la situation juridique
« actuelle, tout en tenant compte des législations étrangères, du
« résultat des études doctrinales et des expériences faites dans
« l'application de la loi, mais d'éviter une réforme brusque qui se
« heurterait, en toutes circonstances, à de graves scrupules. »

Et quand il parle de se rapprocher des législations étrangères, il songe presque exclusivement à la législation allemande et à la loi hongroise qui est bâtie sur le même modèle. L'une et l'autre méritent d'être réformées plutôt que copiées.

Aussi le projet du gouvernement a-t-il été l'objet de vives critiques, et les cercles intéressés ont présenté des contre-projets et des amendements : l'association des libraires austro-hongrois a présenté sa pétition, qui a été reproduite dans le « *Bœrsenblatt* für den deutschen Buchhandel und die verwandten Geschäftszweige » (Leipzig, 1893, n° 1) ; les observations de l'association des marchands de musique allemands sont publiées dans les communications de cette société (Leipzig, 1893, n° 20) ; un groupe de compositeurs de musique a rédigé, de son côté, une protestation ; au *Musée de l'art et de l'industrie*, de Vienne, M. Leisching a fait une conférence-critique très intéressante et dont les conclusions ont été approuvées à l'unanimité (Neue freie Presse, 8 décembre 1892) ; des études particulières sont aussi à signaler, notamment celle de M. le professeur Schuster, dans l'*Allgemeine œsterreichische Gerichts-Zeitung* (du 20 septembre au 29 novembre 1892).

De tous ces documents, le comité de cinq membres, délégué par

---

(1) André Morillot, *De la protection accordée aux œuvres d'art*, etc....,
dans l'empire d'Allemagne (p. 108 et s.).

la commission judiciaire de la Chambre des seigneurs et qui a pour rapporteur M. le professeur Exner (1), tiendra sans doute compte, dans une certaine mesure.

En attendant, analysons le projet dans ses grandes lignes (2) et indiquons les principales critiques qui s'imposent.

TITRE PROPOSÉ.

*Loi concernant le droit d'auteur sur les œuvres de littérature,
ou d'art et de photographie.*

Division : Chap. i. Dispositions générales. Chap. ii. Étendue du droit d'auteur : *a*) pour les œuvres littéraires, *b*) pour les œuvres musicales, *c*) pour les œuvres des arts figuratifs, *d*) pour les œuvres de photographie. — Chap. iii. Durée du droit d'auteur. — Chap. iv. Protection du droit d'auteur. — Chap. v. Droits d'auteur étrangers. Chap. vi. Dispositions finales.

Le titre est conforme à la théorie de l'exposé des motifs, mais le mot photographie mis à part inquiète déjà.

La loi que nous rêvons serait autrement large, elle engloberait et traiterait en égales « les œuvres littéraires, graphiques et plastiques, toutes les productions de l'esprit », *opere dell' ingegno*, comme dit la loi italienne. Le mot « art » ou « artistique » dans une loi est un mot dangereux, car il n'a, juridiquement, qu'un sens vague et semble faire dépendre du mérite de l'œuvre la protection de la loi (3).

ŒUVRES PROTÉGÉES.

Le projet du gouvernement autrichien est obligé de définir ce qu'on entendra par œuvres de littérature ou d'art, et il se contraint

(1) M. le professeur Exner est un des hommes les plus compétents de l'Autriche, en ce qui concerne les droits intellectuels; il a déjà, en 1882, présenté un ensemble de quatre lois pour la protection de ces droits.

(2) Une traduction française du projet et des principales observations annexes a paru dans le *Droit d'auteur*, organe officiel du bureau de l'Union internationale pour la protection des œuvres littéraires et artistiques, à Berne, n° du 15 décembre 1892.

(3) La loi allemande du 11 juin 1870 est intitulée : *Gesetz betreffend das Urheberrecht an Schriftwerken, Abbildungen, musikalischen Kompositionen und dramatischen Werken* (Loi concernant le droit d'auteur sur les écrits, dessins, compositions musicales et œuvres dramatiques.)

à une énumération dont le caractère arbitraire et les lacunes sautent aux yeux :

§ 2.

« Comme œuvres de littérature ou d'art, dans le sens de la présente loi, il faut entendre :

« 1° Les livres, brochures, publications périodiques et autres
« écrits du domaine de la science ou de la littérature, ainsi que les
« manuscrits de ce genre ;

« 2° Les œuvres dramatiques, dramatico-musicales et chorégra-
« phiques (ballet et pantomimes) ; .

« 3° Les dessins, figures, plans, cartes, reliefs géographiques et
« topographiques, architectoniques, techniques, des sciences natu-
« relles ou autres concourant à des buts scientifiques — ne serait-ce
« que des esquisses — qui ne sont pas à considérer, d'après leur
« destination, comme des œuvres d'art ;

« 4° Les conférences dans un but d'édification, d'instruction ou
« de récréation ;

« 5° Les œuvres de l'art musical avec ou sans texte ;

« 6° Les œuvres des arts figuratifs, telles que les tableaux, les
« dessins, y compris les plans et projets pour des travaux d'archi-
« tecture, les gravures sur métal ou sur bois et toutes les autres
« productions de l'art graphique, les œuvres de la sculpture, de
« l'art du médailleur et autres œuvres d'art plastique. Sont toute-
« fois exceptées les œuvres d'architecture.

« Comme œuvres de photographie, dans le sens de la présente
« loi, il faut entendre, en général, tous les produits pour la prépa-
« ration desquels un procédé photographique a été employé comme
« moyen indispensable. »

§ 3.

« Sont exceptés de la protection garantie par le droit d'auteur
« les lois, ordonnances et actes publics, en outre les discours et
« rapports qui ont été prononcés dans des débats publics de tous
« genres, dans des assemblées politiques ou autres réunies pour
« la discussion des affaires publiques.

« Il en est de même des annonces d'industrie, de commerce ou
« d'autres professions et des réclames de tous genres, puis des pro-
« ductions de la presse qui sont destinées à servir exclusivement
« aux besoins de la vie domestique ou sociale, encore, des expli-

« cations et notices d'emploi qui sont jointes aux produits de l'in-
« dustrie ou des métiers pour l'instruction des acheteurs.

« De même, les reproductions d'œuvres des arts figuratifs, appli-
« quées, du consentement de l'auteur, aux produits de l'industrie
« ou des métiers ne sont pas protégées, par la présente loi, contre
« d'autres reproductions sur semblables objets. »

M. Schuster fait apparaître tout de suite le danger de ce mode de définition par énumération ; il se demande si, de ce que les lettres missives ne sont pas mentionnées dans le paragraphe 2, on ne pourra pas conclure qu'elles sont exclues de la protection de la loi. Ce serait un singulier résultat que les rédacteurs du projet n'ont sans doute pas voulu.

D'autre part, les restrictions contenues dans le paragraphe 3 donneront bien du mal aux commentateurs, on le fait remarquer par avance. Qu'est-ce que les productions de la presse qui sont destinées à servir exclusivement aux besoins de la vie domestique ou sociale ! Pourquoi écarter des annonces qui seraient d'exquises poésies ou de remarquables dessins ? Et comment distinguer ?

Ce que les rédacteurs du projet ont absolument voulu, c'est écarter tout ce qui est art industriel, quel qu'en soit le mérite, et ils ont exclu formellement les œuvres d'architecture, réservant le bénéfice de la loi aux plans et aux modèles d'architecture et aux œuvres plastiques qui ornent le monument.

En Autriche même, ces exclusions ont soulevé des protestations (conférence du Dr Leisching) ; toutefois, il faut avouer qu'en ce qui concerne l'application des œuvres d'art à l'industrie, le projet constitue déjà une amélioration sérieuse de la loi de 1846, qui ne protégeait pas l'artiste contre les reproductions industrielles ; l'artiste pourra interdire l'application de son œuvre à des produits de l'industrie, mais quand il aura donné une fois la permission il sera désarmé contre les autres reproductions industrielles (1).

L'exclusion des ouvrages d'architecture est conforme à la loi de 1846 ; les éclaircissements qui accompagnent le projet offrent cette brève explication : « les œuvres d'architecture ont surtout un but d'utilité, donc elles ne sont pas exclusivement dans la sphère artistique. »

(1) L'industriel autorisé pourra néanmoins se protéger lui-même en invoquant la loi du 7 décembre 1858 sur les dessins et modèles de fabrique. Peut-être se heurterait-il aux articles 3 et 5 de cette loi qui a été rédigée en contemplation de la loi de 1846 et qu'il y aurait lieu de remanier.

C'est bien la conséquence de cette distinction, qu'indiquait le titre même, entre ce qui est artistique et ce qui est utile. On ne saurait se lasser de la critiquer : le fait générateur du droit est la création de l'œuvre, il n'y a donc pas à faire varier le droit suivant la destination de cette œuvre. L'architecture a droit à la même protection que tout art plastique : c'est, dans son acception la plus pure, de la sculpture à lignes simples et à grandes dimensions.

Voilà, croyons-nous, la vraie doctrine moderne (1), mais il est à craindre que les législateurs autrichiens ne lui préfèrent les préjugés courants.

Photographie.— La photographie, elle, est protégée par le projet; on la considère comme sans utilité, mais on ne l'assimile pas aux arts graphiques, on la relègue dans un coin spécial, on lui fait une position subalterne.

Elle n'est protégée que contre la reproduction par procédé photographique (2).

Elle n'est protégée, toutes les fois qu'il ne s'agit pas d'un portrait, que si chaque reproduction autorisée du cliché original ou le carton sur lequel est fixée la reproduction, porte visiblement : 1° le nom, et s'il y a lieu la firme, avec le domicile de celui qui a exécuté le cliché ou de l'éditeur; 2° l'année où a paru l'œuvre (§ 33).

En tous cas l'œuvre photographique n'est protégée que pendant cinq ans après l'exécution du cliché fait directement d'après l'original. Si l'œuvre a paru dans ce délai, le droit d'auteur ne prend fin que cinq ans après la publication (§ 42).

« La photographie, dit l'exposé des motifs, est un procédé qui se rapproche de l'art (*kunstähnlich*) et qui, dans ces dernières années, est parvenue à un très haut degré de perfection, mais qui n'est pas un procédé vraiment artistique. »

Les dispositions du projet ne sont, du reste, que des emprunts à la loi hongroise et à la loi allemande.

Mais est-ce parce que la loi allemande, spéciale à la photographie, et la loi hongroise qui l'a copiée, sont injustes envers les photographes que la loi autrichienne doit être aussi peu libérale ?

____

(1) Voir compte rendu des travaux du congrès de l'Association littéraire et artistique internationale, à Milan, en 1892, avec le rapport très complet de M. Georges Harmand.

(2) La loi allemande spéciale du 10 janvier 1876 (art. 3) protège la photographie contre toute reproduction par moyens mécaniques; la loi hongroise du 4 mai 1884 (art. 71) vise la reproduction au moyen des machines

L'association des libraires austro-hongrois et **M**. Leisching, parlant au nom des industriels d'art, ne le pensent pas et ils ont raison (1).

Ou la photographie rentre dans les arts figuratifs, dans les œuvres graphiques et elle doit être protégée comme elles toutes, ou elle n'est pas le produit d'une intelligence créatrice et elle n'a droit à aucune protection.

Lui faire l'aumône d'une protection si restreinte, c'est d'autant plus étrange, en Autriche, que dans l'état actuel, en l'absence d'un texte de loi, une jurisprudence constante assimile les photographies aux œuvres des arts figuratifs (Tribunal supérieur, faisant fonction de Cour de cassation, 11 décembre 1885 et 10 mai 1889).

En Espagne, dans la Grande-Bretagne, aux États-Unis, en Russie, au Mexique, dans la principauté de Monaco, dans le royaume de Hawaï, les photographies sont classées parmi les œuvres d'art; en France, en Italie, les tribunaux leur accordent la même protection qu'aux œuvres artistiques quand ils leur en accordent une (2).

DURÉE DE LA PROTECTION.

Le droit d'auteur sur les œuvres de littérature et d'art, qui paraissent sous le nom de l'auteur, expire trente ans après la mort de l'auteur (§ 36).

Le projet maintient tout simplement la durée actuelle, qui est celle de la loi allemande, et reste en arrière de la loi hongroise qui a adopté le délai de cinquante ans après la mort de l'auteur.

Il reste même en arrière de la loi allemande, en ce sens qu'il restreint le droit de représentation à vingt ans après la mort de l'auteur (§ 40).

Ce n'était pas la peine de proclamer, dans l'exposé des motifs, le principe de l'unité des droits de l'auteur et d'assimiler le droit unique, d'où les autres découlent, à une propriété.

M. Lyon-Caen a, du reste, remarqué déjà, fort spirituellement, dans l'introduction du *Recueil des lois françaises et étrangères sur la propriété littéraire et artistique*, « qu'il ne fallait pas s'aveugler

(1) L'association des libraires austro-hongrois avait déjà demandé dans sa réunion du 1er août 1884, qu'en révisant la patente impériale de 1846 on comprît dans la loi les photographies (*Journal de droit international privé*, 1886, 437).

(2) Cf. *Étude comparée des législations étrangères sur la photographie*, par Alcide Darras (Paris, 1890, chez Gauthier-Villars).

sur l'intérêt que présentent les idées du législateur relatives au fondement et à la nature du droit d'auteur », car les lois qui emploient l'expression « propriété littéraire » ne sont pas toujours les plus libérales.

Voici l'explication que le gouvernement autrichien donne de la restriction de la durée du droit de représentation :

« Le délai de trente ans rendrait presque illusoire, tout spécialement pour les œuvres musicales, les droits du domaine public, parce que l'intérêt de l'exécution ou de la représentation disparaît dans un plus court espace de temps, à raison des changements dans la manière de voir et dans le goût. ».

Les drames de Shakespeare ont-ils donc vieilli plus que les romans de ses contemporains! Les tragédies antiques n'ont-elles pas conservé leur puissance d'attraction sur la foule même? La musique des vieux maîtres du XVI° et du XV° siècle n'a-t-elle pas trouvé de nos jours un regain de jeunesse?

La vraie raison qui a déterminé la distinction du projet entre la durée du droit de reproduction et la durée du droit de représentation, c'est que cette distinction existe dans la patente impériale, et on a cru faire acte de hardiesse grande en portant tout simplement la durée du droit de représentation à vingt ans au lieu de dix ans au delà du décès de l'auteur.

Œuvres anonymes et pseudonymes. — Quand l'auteur ne se fait pas connaître sous son véritable nom, l'œuvre n'est protégée que pendant trente ans à partir de sa publication (§ 37); « une œuvre est considérée comme anonyme quand le nom de l'auteur ne figure pas sur la feuille de titre ou sous la dédicace ou sous la préface ou à la fin du volume, s'il s'agit d'une œuvre littéraire, ou sur l'objet même ou sur le carton qui sert de support, si c'est une œuvre artistique (1); lorsque l'apparition d'une œuvre a lieu par représentation publique, le nom de l'auteur doit être donné dans l'annonce de la première représentation (§ 9 et 10). »

Mais l'auteur peut toujours, après coup, se faire connaître sous son vrai nom et jouir de la protection complète en revendiquant la qualité d'auteur sur un registre public tenu à cet effet (la loi allemande de 1870, art. 11, permet en outre aux héritiers de faire inscrire le nom de l'auteur et de prolonger ainsi la durée de protection de l'œuvre).

(1) Le monogramme ne suffirait pas. L'exposé des motifs en donne cette raison, singulière et inexacte, que les artistes contemporains inscrivent leur nom intégralement sur leurs œuvres.

Œuvres collectives. — Quand il s'agit d'une œuvre composée dans son ensemble par plusieurs personnes, le droit d'auteur appartient à tous les coauteurs en commun (§ 6), contrairement à la législation actuelle qui accorde un droit exclusif à celui qui a commandé l'œuvre et tracé le plan ; l'œuvre ne tombera dans le domaine public que trente ans après la mort du dernier survivant des collaborateurs (§ 36, al. 2).

Quand il s'agit d'une œuvre composée de travaux distincts de différents collaborateurs, chaque collaborateur a un droit indépendant sur le travail pris isolément (§ 7). En outre, si l'œuvre forme un tout homogène, l'éditeur a sur l'œuvre prise dans son ensemble un droit personnel d'auteur (§ 8).

« Quand le droit d'auteur naît ainsi au profit d'une autorité constituée, d'une corporation, d'un établissement d'instruction, d'une institution publique, d'une société ou d'une association, il est limité à trente années à dater de la publication (§ 39) » (1).

Œuvres posthumes. — D'après la loi en vigueur, l'œuvre posthume est protégée pendant trente ans à partir de la publication ; d'après le projet, comme d'après les lois allemande et hongroise, il n'y a plus à proprement parler d'œuvres posthumes : elles ne sont protégées que comme les œuvres publiées du vivant de l'auteur ; toutefois, à l'imitation de la loi hongroise, l'œuvre posthume est protégée pendant cinq ans si elle a paru dans les cinq dernières années du délai normal de protection (§ 36, al. 3).

Calcul du délai. — Pour les ouvrages en plusieurs volumes, le point de départ du délai est réglé (§ 43) comme dans la loi en vigueur.

On a généralisé la règle d'après laquelle ce qui reste à courir de l'année où a eu lieu l'événement qui sert de point de départ au délai n'est pas compté dans ce délai (§ 44).

CESSION DU DROIT.

En ce qui concerne la transmission des droits d'auteur, le projet est un peu plus fidèle aux principes posés. Il n'a eu qu'à copier les articles 3 et 64 de la loi hongroise qui étaient eux-mêmes copiés textuellement sur les lois allemandes.

Le droit d'auteur est transmissible et échappe au droit de déshé-

(1) Cf. Loi allemande de 1870 (art. 13), et loi hongroise (art. 15).

rence (§ 11). La cession de l'objet matériel n'entraîne pas la cession des droits d'auteur ; en revanche l'auteur, pour exercer son droit de reproduction, ne peut exiger que le propriétaire lui donne communication de l'original (§ 14). Mais pour les portraits et bustes le droit d'auteur appartient à celui qui a fait la commande (§ 13) (1).

Le projet applique ces principes au manuscrit : la possession du manuscrit n'implique pas transmission du droit d'auteur, sauf appréciation, par le tribunal, des circonstances de la remise (§ 12).

D'autre part, il spécifie que, pour les portraits photographiques, l'exercice du droit d'auteur n'est permis qu'avec l'assentiment de la personne représentée ou de ses héritiers.

Il y a en effet, lorsqu'il s'agit de portraits photographiques ou autres, une situation spéciale, mais que le projet a mal dégagée. Il n'y a pas de raison pour que, dans ce cas, le droit d'auteur passe à qui fait la commande, ce sera une question d'appréciation pour les tribunaux. Seulement, le droit de l'auteur se trouvera paralysé, dans son exercice, par le droit, pour la personne représentée, de s'opposer à la publication de son image et, par ce fait, que la personne qui a servi de modèle doit être considérée, à moins de circonstances particulières, comme n'ayant consenti à poser que pour une reproduction isolée, l'abandon d'un droit de personnalité ne devant être interprété que restrictivement.

Collaborateurs de journaux ou de revues. — Le projet tire encore des principes une conséquence exacte quand il conclut (art. 7, al. 3) que l'auteur de travaux publiés dans un recueil périodique reste maître du droit de reproduire son travail ; mais il gâte tout de suite la justesse de ses déductions quand il ajoute, conformément à l'article 10 de la loi allemande, que l'auteur ne pourra disposer de son droit que deux ans après la première publication.

Qu'on interdise à l'auteur de faire concurrence au recueil et qu'on réserve dans ce but un délai pendant lequel la reproduction ne pourra pas avoir lieu, soit. Mais ce délai devrait varier suivant la nature du recueil et ne peut être un délai fixe de deux années.

---

(1) « Dans les paragraphes 12 et 13, le projet s'efforce de rompre avec cette conception vieillie de la transmission de l'objet matériel, conception qui, autrefois, a engendré tant d'erreurs et fut l'erreur fondamentale des adversaires du droit d'auteur. » (Schuster, *Étude du projet de loi autrichien sur le droit d'auteur*, Allgemeine œsterreichische Gerichts-Zeitung, n° du 20 septembre 1892, p. 307.)

ÉTENDUE DU DROIT D'AUTEUR.

ŒUVRES LITTÉRAIRES. — Le paragraphe 16 déclare, comme le promettait l'exposé des motifs, que « le droit d'auteur comprend notamment le droit exclusif de publier l'œuvre, de la reproduire, de la mettre dans le commerce et de la traduire en une autre langue, que pour les œuvres dramatiques, dramatico-musicales et chorégraphiques, le droit d'auteur s'étend au droit exclusif de représentation, que pour les productions orales qui n'ont pas encore été publiées licitement le droit d'auteur comprend aussi le droit exclusif de les reproduire oralement en public ».

Mais que de restrictions dans le détail !

Du texte même du paragraphe 16 il résulte que les œuvres autres que les œuvres dramatiques, dramatico-musicales et chorégraphiques, peuvent, une fois qu'elles ont été publiées, être reproduites oralement.

Le paragraphe 18, alinéa 4, autorise les musiciens à se servir d'un texte déjà publié et à le reproduire avec la musique ou en vue d'être utilisé pour l'exécution de l'œuvre musicale et avec indication de ce but. Sont seuls exceptés les textes des oratorios, opéras, opérettes et vaudevilles.

Les articles des publications périodiques et autres feuilles publiques peuvent être impunément reproduits ; et même les articles de littérature et de science ou de vulgarisation si l'interdiction de reproduire n'était pas mentionnée en tête (§ 19) (1).

---

(1) La loi allemande (art. 7 *b*) fait exception pour les romans, nouvelles et travaux scientifiques, sans que l'auteur ait besoin de mentionner une réserve, et pour tous autres écrits d'une certaine étendue, pourvu que l'interdiction de reproduire soit mentionnée en tête. La loi hongroise (art. 9, 2ᵘ) fait exception pour les œuvres de littérature et de sciences ou autres communications de quelque étendue, mais toujours sous condition de mentionner l'interdiction de reproduire.

Le rédacteur du projet explique ainsi le nouveau texte proposé : « Protéger purement et simplement les communications de quelque étendue (*grœssere Mittheilungen*), ce n'était pas une formule à adopter, parce que, d'une part, elle est trop vague pour donner des points de repère suffisants à la solution de chaque question et que, d'autre part, même certaines communications de quelque étendue, comme les prétendues correspondances, les Berichte aus dem Tagesleben, ont à peine le droit, par leur nature, d'être soumises à la protection du droit d'auteur. Un droit à la protection peut être reconnu, à côté des articles de science et de littérature publiés dans un journal, seulement à ceux qui ont pour but de

Le 1° du paragraphe 18 prévoit le droit d'emprunt partiel, avec indication du nom de l'auteur ou de l'ouvrage mis à contribution, et dans la mesure où cela est justifié par le but de l'œuvre, pour les œuvres de critique, d'histoire littéraire ou de science, pour les recueils à l'usage du culte, des écoles ou de l'enseignement, ou ayant un but littéraire ou artistique; il s'applique aux dessins comme aux textes (1).

On peut se servir de l'œuvre d'autrui, la remanier, pourvu qu'on fasse une nouvelle œuvre originale (§ 17, chif. 2) (2).

La confection de reproductions non destinées à être mises dans le commerce est déclaré licite (§ 18, al. 3) (3).

Droit de traduction. — Le droit de traduction est bien assimilé, en principe, au droit de reproduction. Mais ce n'est absolument vrai, en pratique, que pour les œuvres inédites (sont réputées inédites celles qui ont été éditées sans le consentement de l'auteur) et pour les œuvres publiées pour la première fois dans une langue morte.

Quand l'œuvre est éditée licitement et simultanément dans plusieurs langues, l'auteur conserve, sans autre formalités, le droit de traduction dans chacune de ces langues, mais seulement pendant cinq ans à dater de la publication simultanée (§§ 20 et 41).

Dans tout autre cas, il faut que l'auteur se soit réservé le droit de traduction par une mention expresse, précisant chaque langue réservée, sur tous les exemplaires destinés à être répandus soit sur la feuille de titre, soit dans la préface, soit en tête du volume. Deux ans après l'édition de l'œuvre, la réserve est sans effet par rapport aux langues dans lesquelles la traduction n'a pas été publiée en entier. Quand la traduction a été publiée en temps utile, l'auteur

rendre une matière accessible au public en la vulgarisant sans l'approfondir scientifiquement. C'est pour de tels articles que l'expression *fachliche* a été choisie et que la possibilité d'une protection a été prévue. »

(1) Ce n'est qu'un arrangement des articles 9, chiffre 1, et 62, chiffre 4, de la loi hongroise, de l'article 7 *a*, de la loi allemande du 11 juin 1870, et de l'article 6, chiffre 4, de la loi allemande du 9 janvier 1876.

(2) C'est l'article 10 de la convention de Berne.

(3) « La patente impériale ne mentionne pas la reproduction par copie, le droit allemand et le droit hongrois assimilent la contrefaçon à la copie, obtenue par l'impression ou par un mode de multiplication mécanique. Le fond de la pensée exprimée dans le projet, c'est que le critérium de la reproduction interdite doit être cherché non pas dans le mode de reproduction mais dans le but, d'où il résulte que les seules reproductions à permettre sont celles qui servent à l'usage personnel du reproducteur et ne sont pas destinées à être mises dans le commerce. » (Exposé des motifs.

de l'original conserve le droit exclusif de traduction pendant cinq ans à compter de la publication de la traduction (§§ 21 et 41).

Droit de dramatisation. — Le projet concède à l'auteur le droit exclusif de dramatiser son œuvre, mais il apporte à l'exercice de ce droit les mêmes entraves qu'à l'exercice du droit de traduction, la dramatisation devant être éditée dans l'année de la publication de l'original et le droit exclusif de dramatisation expirant en tous cas cinq ans après la publication de la première dramatisation licite (§ 22 et 41).

Et encore des publicistes comme M. Schuster, se plaignent-ils qu'on étouffe ainsi dans l'œuf des petits Shakespeares et des Grilparzers. En revanche ils voudraient, avec raison, qu'on stipulât l'interdiction de transformer un drame en opéra sans l'autorisation de l'auteur; c'est ce que M. Schuster appelle *Umdramatisirung*.

Œuvres musicales. — Des dispositions analogues à celles qui régissent les œuvres littéraires sont appliquées aux œuvres musicales.

Constituent une atteinte au droit d'auteur : 1° l'édition d'un extrait (1) d'une œuvre musicale ou de motifs ou de mélodies isolées, sans un nouveau travail artistique (2); 2° l'édition de variations, fantaisies, pots-pourris, transcriptions, etc., autant qu'ils ne sont pas à considérer comme des compositions originales (1) (§ 25).

Mais les arrangements sont soumis au même régime que la dramatisation (§ 27).

Pourquoi distinguer entre les transcriptions et les arrangements? Et comment?

Parce que la patente impériale (art. 6, lettre *c*) mettait déjà les arrangements à part. Et par arrangement il faut entendre l'adaptation d'un morceau de musique à d'autres instruments ou à moins d'instruments qu'il n'en comportait primitivement.

Marchands de musique et jurisconsultes se sont élevés contre cette disposition, qui ne se retrouve ni dans la loi allemande ni dans la loi hongroise.

---

(1) Le mot « *Auszug* » n'est pas pris ici dans le sens qu'il a ordinairement dans la littérature musicale où il signifie : arrangement, réduction.

(2) L'association des marchands de musique allemands se plaint amèrement de retrouver dans le projet ces mots « *künstlerische Verarbeitung* » et « *eigenthümliche Compositionen,* » qui ont déjà soulevé, dans la loi allemande, tant de difficultés.

Une disposition qui se retrouve dans la loi allemande et dans la loi hongroise, mais qui n'en est pas moins vivement critiquée, c'est celle qui ne protège les œuvres musicales contre l'exécution publique qu'autant que l'auteur, en publiant son œuvre, s'est réservé le droit d'exécution, par une mention expresse (§ 28).

Le projet renchérit encore sur les lois allemande et hongroise en déclarant, en tous cas, licite l'exécution des variations, fantaisies, études, pots-pourris, transcriptions, etc...

« De tels travaux, parmi lesquels les pots-pourris sont d'une
« importance particulière, seront de libre exécution publique,
« même s'ils ne portent pas en eux-mêmes le caractère de compo-
« sitions originales. Cette disposition a été jugée opportune pour
« propager les œuvres musicales, dans l'intérêt de la communauté
« comme dans celui du compositeur, là où c'est possible sans un
« préjudice pécuniaire grave pour le compositeur. »

A cette bizarre excuse M. Schuster répond, avec esprit, que ce n'est pas la communauté qui est intéressée à cette propagation, mais ce qu'il y a de plus commun, le mauvais goût artistique qui est hélas trop développé et qu'il n'est pas utile de propager encore.

Œuvres des arts figuratifs. — Dans ce domaine il y a beaucoup plus à approuver.

Le projet améliore la législation autrichienne en vigueur, lorsqu'il reconnaît à l'auteur le droit exclusif d'exposition et lorsqu'il dispense l'artiste de toute mention de réserve à apposer sur son œuvre (1) (§ 30), aussi lorsqu'il considère comme une atteinte au droit d'auteur : 1° la reproduction (2) d'une œuvre originale même si elle est faite par un autre procédé que celui employé par l'auteur primitif; 2° la reproduction faite d'après une reproduction de l'œuvre originale; 3° la reproduction même appliquée à des œuvres

----

(1) La mention de réserve n'est déjà plus exigée, pour les œuvres des arts figuratifs, par les lois allemande et hongroise.

(2) Pour les œuvres des arts figuratifs, dans le projet comme déjà dans la patente impériale, dans la loi allemande et dans la loi hongroise, on emploie l'expression « Nachbildung » au lieu de « Vervielfältigung », pour comprendre toutes espèces de reproductions de l'original. « Peu importe que la reproduction ait ou n'ait pas le caractère d'œuvre d'art, qu'elle soit obtenue par un procédé mécanique ou chimique, par les mêmes moyens que l'original ou par d'autres. » *Nachbildung* signifie en effet reproductions dans son sens large et même imitation; *Vervielfältigung* veut dire multiplication.

non protégeables comme les œuvres d'architecture, d'industrie, etc...
(§ 31). Et il fait preuve d'une attention particulière pour les
artistes lorsqu'il interdit de mettre le nom ou la signature de
l'auteur original sur les copies isolées que le propriétaire a le droit
de faire faire pour son usage personnel (§ 32, chif. 2).

Mais suivent tout de suite les restrictions, à l'exemple des lois
allemande et hongroise :

Une œuvre d'art pictural ou graphique peut être reproduite par
l'art plastique ou inversement.

On peut reproduire les œuvres des arts figuratifs qui sont à
demeure, dans les rues ou sur les places publiques, exception faite
toutefois de la reproduction des œuvres d'art plastique par la plastique.

Est permise l'insertion, dans un ouvrage littéraire, avec indication de la source et seulement pour l'explication (Erläuterung) (1)
du texte et autant que le texte est la chose principale, de reproductions isolées d'œuvres des arts figuratifs qui ont déjà paru.

SANCTION DU DROIT D'AUTEUR.

Quant aux pénalités le projet n'innove guère.

Toute atteinte aux droits de l'auteur est punie d'une amende de
100 à 1.000 florins ou d'un emprisonnement de 1 à 6 mois (§ 45).

Une amende de 5 à 50 florins est prévue pour omission des men-
tions exigées par certaines dispositions de la loi (§ 46).

Ces peines ne peuvent être prononcées que sur la poursuite de
la partie lésée.

Un délit spécial, qui peut être poursuivi directement par le
ministère public et qui est puni des mêmes peines que la contrefaçon, est commis par quiconque, avec l'intention de tromper,
appose son propre nom sur l'œuvre d'autrui ou sur son œuvre le
nom d'un autre, pour la mettre dans le commerce, et par quiconque met dans le commerce, sciemment, une œuvre portant un
faux nom (§ 47).

L'emploi d'un titre déjà utilisé par un autre est interdit si ce
n'est pas un titre nécessaire et s'il est propre à induire le public en
erreur sur l'identité de l'œuvre. Mais cet emploi illicite ne semble
pas avoir une sanction pénale; il n'y a pas atteinte au droit de

---

(1) On traduit parfois *Erläuterung* par illustration. Ce n'est pas, croyons-
nous, tout à fait exact.

l'auteur, dans le sens de la loi, il n'y a qu'un acte de concurrence déloyale qui permet une action en dommages-intérêts. On a inséré cette disposition dans le projet (cf., art. 5, lettre *d*, de la Patente impériale) parce qu'en l'absence d'un texte formel le Code civil n'aurait peut-être pas donné à l'auteur une action suffisante.

Les infractions à la loi sur le droit d'auteur sont de la compétence des tribunaux ordinaires, mais le paragraphe 56 prévoit l'organisation de commissions d'experts comme celles qui fonctionnent en Allemagne et en Hongrie.

DISPOSITIONS TRANSITOIRES.

Les reproductions (*Vervielfältigungen* et *Nachbildungen*) existant au moment de la mise en vigueur de la loi, et dont la fabrication n'était pas interdite jusque-là, pourront continuer à être répandues.

Les appareils de reproduction existant licitement à cette date, tels que épreuves, clichés, planches, pierres et formes, pourront être encore utilisés dans le même but, pendant un délai de quatre ans, si inventaire en a été dressé par l'autorité politique du district sur demande adressée dans les trois mois de la mise en vigueur de la loi.

Les œuvres dramatiques, dramatico-musicales, musicales et chorégraphiques, qui auront été représentées licitement avant l'entrée en vigueur de la loi nouvelle continueront à être représentées librement (1).

Toujours la même rigueur pour les œuvres dramatiques et musicales !

On croirait ce dernier paragraphe rédigé par un tribunal anglais (2).

DROIT DES ÉTRANGERS.

Le projet de loi s'applique (§ 1) à toutes les œuvres qui ont paru dans le domaine où la loi sera en vigueur et à toutes les œuvres

(1) Tout le paragraphe 59 est copié presque textuellement sur la convention austro-hongroise du 10 mai 1887.

(2) Les tribunaux anglais ont reconnu aux directeurs de théâtre le droit de continuer à représenter librement les œuvres déjà représentées par eux avant l'entrée en vigueur de la convention de Berne.

d'auteurs ressortissant à l'État autrichien, même si elles sont encore inédites ou ont été publiées à l'étranger.

Les autres œuvres seront régies par des conventions internationales.

La convention avec la Hongrie, du 10 mai 1887, celle avec la France, du 11 décembre 1886, celle avec l'Italie, du 8 juillet 1890, ne sont pas atteintes par le projet de loi.

Les œuvres parues dans l'Empire d'Allemagne et les œuvres, non encore parues, d'un auteur allemand sont protégées par le projet de loi, sous condition de réciprocité. C'est une conséquence de ce que la Patente de 1846 s'applique à toutes les œuvres parues dans le domaine de la Confédération germanique et que les lois allemandes de 1870 et de 1876 sont, par réciprocité, applicables aux œuvres parues dans les États qui faisaient partie de la Confédération germanique et aux œuvres inédites des auteurs ressortissant à ces États. La durée de la protection ne peut pas dépasser celle accordée par la législation de l'Empire d'Allemagne.

CONCLUSIONS.

Voilà le projet du gouvernement autrichien, dans son ensemble et ses principaux détails.

Certes, il est bien éloigné de la loi idéale vers laquelle tous les efforts d'unification devraient tendre.

Mais il faut tenir compte, en l'appréciant, des circonstances de milieu dans lesquelles il est né. Il n'a pas été fait pour nous; il a été fait pour les Allemands; il a été fait surtout pour les Autrichiens; il est destiné à remplacer leur vieille loi de 1846, il présente sur elle un progrès assez notable et il leur donne, en grande partie, satisfaction.

Nous devons donc l'accueillir avec une bienveillance marquée et nous réjouir surtout des tendances théoriques qui apparaissent dans l'exposé des motifs et des manifestations nombreuses qui, à propos de ce projet, ont permis de constater que l'opinion publique, en Autriche, est nettement favorable à la pleine protection des droits de l'auteur.

La loi qui va être votée (1), et qui sera certainement une amélio-

____

(1) Le vote complet de la loi entraînant quelques retards, il serait question de proroger provisoirement d'une année le délai de protection du

ration du projet, ne sera sans doute elle-même qu'une loi de transition, l'acheminement vers une législation meilleure dont l'Allemagne, de son côté, se rapprochera (1). Elle sera en tous cas le prétexte décisif à l'entrée de l'Autriche dans la Convention de Berne, entrée depuis si longtemps retardée. sans motifs et qui acccroîtra sensiblement les forces de l'Union internationale pour la protection des œuvres littéraires artistiques.

La France, entre autres, y trouvera de sérieux avantages, car sa Convention du 11 décembre 1866 avec l'Autriche est bien défectueuse, puisqu'elle exige un enregistrement des œuvres à Vienne et ne protège l'œuvre contre les traductions que s'il y a mention de réserve sur l'original, *inpedimenta* que l'adhésion de l'Autriche à l'Union de Berne supprimerait enfin.

droit de représentation pour empêcher que le droit de représenter les œuvres de Wagner ne tombe dans le domaine public en Autriche et pour permettre à Mme Wagner de conserver à Bayreuth le monopole absolu des représentations de *Parsifal*.

(1) Des projets de refonte de la législation allemande sont en préparation.

PARIS. — IMP. C. MARPON ET E. FLAMMARION, RUE RACINE, 25.

9 782019 291099